# GUEST NAME

_____

## MESSAGE

_____

_____

_____

## OUR BEST MEMORY

_____

_____

_____

## GUEST NAME

_____

## MESSAGE

_____

_____

_____

_____

## OUR BEST MEMORY

_____

_____

_____

_____

# GUEST NAME

---

# MESSAGE

---

---

---

# OUR BEST MEMORY

---

---

---

---

# GUEST NAME

_____

## MESSAGE

_____

_____

_____

_____

## OUR BEST MEMORY

_____

_____

_____

_____

## GUEST NAME

_____

## MESSAGE

_____

_____

_____

_____

## OUR BEST MEMORY

_____

_____

_____

_____

## GUEST NAME

_____

## MESSAGE

_____

_____

_____

_____

## OUR BEST MEMORY

_____

_____

_____

_____

## GUEST NAME

_____

## MESSAGE

_____

_____

_____

_____

## OUR BEST MEMORY

_____

_____

_____

_____

## GUEST NAME

_____

## MESSAGE

_____

_____

_____

## OUR BEST MEMORY

_____

_____

_____

# GUEST NAME

_____

## MESSAGE

_____

_____

_____

_____

## OUR BEST MEMORY

_____

_____

_____

_____

## GUEST NAME

_____

## MESSAGE

_____

_____

_____

_____

## OUR BEST MEMORY

_____

_____

_____

_____

## GUEST NAME

_____

## MESSAGE

_____

_____

_____

_____

## OUR BEST MEMORY

_____

_____

_____

_____

## GUEST NAME

_____

## MESSAGE

_____

_____

_____

## OUR BEST MEMORY

_____

_____

_____

# GUEST NAME

_____

## MESSAGE

_____

_____

_____

_____

## OUR BEST MEMORY

_____

_____

_____

_____

## GUEST NAME

_____

## MESSAGE

_____

_____

_____

_____

## OUR BEST MEMORY

_____

_____

_____

_____

# GUEST NAME

_____

## MESSAGE

_____

_____

_____

## OUR BEST MEMORY

_____

_____

_____

## GUEST NAME

_____

## MESSAGE

_____

_____

_____

_____

## OUR BEST MEMORY

_____

_____

_____

_____

# GUEST NAME

---

## MESSAGE

---

---

---

## OUR BEST MEMORY

---

---

---

## GUEST NAME

_____

## MESSAGE

_____

_____

_____

_____

## OUR BEST MEMORY

_____

_____

_____

_____

## GUEST NAME

_____

## MESSAGE

_____

_____

_____

_____

## OUR BEST MEMORY

_____

_____

_____

_____

## GUEST NAME

_____

## MESSAGE

_____

_____

_____

_____

## OUR BEST MEMORY

_____

_____

_____

_____

# GUEST NAME

_____

## MESSAGE

_____

_____

_____

_____

## OUR BEST MEMORY

_____

_____

_____

_____

## GUEST NAME

_____

## MESSAGE

_____
_____
_____

## OUR BEST MEMORY

_____
_____
_____

# GUEST NAME

_____

## MESSAGE

_____

_____

_____

_____

## OUR BEST MEMORY

_____

_____

_____

_____

## GUEST NAME

_____

## MESSAGE

_____

_____

_____

## OUR BEST MEMORY

_____

_____

_____

_____

## GUEST NAME

_____

## MESSAGE

_____

_____

_____

## OUR BEST MEMORY

_____

_____

_____

_____

## GUEST NAME

_____

## MESSAGE

_____

_____

_____

_____

## OUR BEST MEMORY

_____

_____

_____

_____

## GUEST NAME

_____

## MESSAGE

_____

_____

_____

_____

## OUR BEST MEMORY

_____

_____

_____

_____

## GUEST NAME

_____

## MESSAGE

_____

_____

_____

_____

## OUR BEST MEMORY

_____

_____

_____

_____

# GUEST NAME

_____

# MESSAGE

_____

_____

_____

# OUR BEST MEMORY

_____

_____

_____

_____

## GUEST NAME

_____

## MESSAGE

_____

_____

_____

## OUR BEST MEMORY

_____

_____

_____

_____

# GUEST NAME

_____

## MESSAGE

_____

_____

_____

## OUR BEST MEMORY

_____

_____

_____

## GUEST NAME

_____

## MESSAGE

_____

_____

_____

## OUR BEST MEMORY

_____

_____

_____

_____

## GUEST NAME

_____

## MESSAGE

_____

_____

_____

## OUR BEST MEMORY

_____

_____

_____

# GUEST NAME

_____

## MESSAGE

_____

_____

_____

_____

## OUR BEST MEMORY

_____

_____

_____

_____

## GUEST NAME

_____

## MESSAGE

_____

_____

_____

_____

## OUR BEST MEMORY

_____

_____

_____

_____

## GUEST NAME

_____

## MESSAGE

_____

_____

_____

## OUR BEST MEMORY

_____

_____

_____

## GUEST NAME

_____

## MESSAGE

_____

_____

_____

## OUR BEST MEMORY

_____

_____

_____

_____

## GUEST NAME

_____

## MESSAGE

_____

_____

_____

_____

## OUR BEST MEMORY

_____

_____

_____

_____

## GUEST NAME

---

## MESSAGE

---

---

---

## OUR BEST MEMORY

---

---

---

## GUEST NAME

_____

## MESSAGE

_____

_____

_____

## OUR BEST MEMORY

_____

_____

_____

## GUEST NAME

_____

## MESSAGE

_____

_____

_____

_____

## OUR BEST MEMORY

_____

_____

_____

_____

## GUEST NAME

_____

## MESSAGE

_____

_____

_____

## OUR BEST MEMORY

_____

_____

_____

# GUEST NAME

_____

## MESSAGE

_____

_____

_____

_____

## OUR BEST MEMORY

_____

_____

_____

_____

## GUEST NAME

---

## MESSAGE

---

---

---

## OUR BEST MEMORY

---

---

---

---

## GUEST NAME

_____

## MESSAGE

_____

_____

_____

_____

## OUR BEST MEMORY

_____

_____

_____

_____

## GUEST NAME

_____

## MESSAGE

_____

_____

_____

## OUR BEST MEMORY

_____

_____

_____

_____

# GUEST NAME

_____

# MESSAGE

_____

_____

_____

_____

# OUR BEST MEMORY

_____

_____

_____

_____

## GUEST NAME

_____

## MESSAGE

_____

_____

_____

## OUR BEST MEMORY

_____

_____

_____

## GUEST NAME

_____

## MESSAGE

_____

_____

_____

_____

## OUR BEST MEMORY

_____

_____

_____

_____

## GUEST NAME

_____

## MESSAGE

_____

_____

_____

_____

## OUR BEST MEMORY

_____

_____

_____

_____

## GUEST NAME

_____

## MESSAGE

_____

_____

_____

_____

## OUR BEST MEMORY

_____

_____

_____

_____

## GUEST NAME

_____

## MESSAGE

_____

_____

_____

_____

## OUR BEST MEMORY

_____

_____

_____

_____

# GUEST NAME

_____

## MESSAGE

_____

_____

_____

_____

## OUR BEST MEMORY

_____

_____

_____

_____

## GUEST NAME

_____

## MESSAGE

_____

_____

_____

## OUR BEST MEMORY

_____

_____

_____

_____

## GUEST NAME

_____

## MESSAGE

_____

_____

_____

## OUR BEST MEMORY

_____

_____

_____

_____

## GUEST NAME

_____

## MESSAGE

_____

_____

_____

_____

## OUR BEST MEMORY

_____

_____

_____

_____

# GUEST NAME

_____

## MESSAGE

_____

_____

_____

_____

## OUR BEST MEMORY

_____

_____

_____

_____

# GUEST NAME

_____

## MESSAGE

_____

_____

_____

_____

## OUR BEST MEMORY

_____

_____

_____

_____

# GUEST NAME

_____

## MESSAGE

_____

_____

_____

_____

## OUR BEST MEMORY

_____

_____

_____

_____

# GUEST NAME

_____

# MESSAGE

_____

_____

_____

_____

# OUR BEST MEMORY

_____

_____

_____

_____

## GUEST NAME

---

## MESSAGE

---

---

---

---

## OUR BEST MEMORY

---

---

---

---

# GUEST NAME

---

## MESSAGE

---

---

---

---

## OUR BEST MEMORY

---

---

---

---

## GUEST NAME

_____

## MESSAGE

_____

_____

_____

_____

## OUR BEST MEMORY

_____

_____

_____

_____

## GUEST NAME

_____

## MESSAGE

_____

_____

_____

_____

## OUR BEST MEMORY

_____

_____

_____

_____

# GUEST NAME

_____

## MESSAGE

_____

_____

_____

_____

## OUR BEST MEMORY

_____

_____

_____

_____

# GUEST NAME

_____

## MESSAGE

_____

_____

_____

## OUR BEST MEMORY

_____

_____

_____

_____

# GUEST NAME

_____

# MESSAGE

_____

_____

_____

_____

# OUR BEST MEMORY

_____

_____

_____

_____

# GUEST NAME

---

# MESSAGE

---

---

---

---

# OUR BEST MEMORY

---

---

---

---

## GUEST NAME

_____

## MESSAGE

_____

_____

_____

_____

## OUR BEST MEMORY

_____

_____

_____

_____

## GUEST NAME

_____

## MESSAGE

_____

_____

_____

_____

## OUR BEST MEMORY

_____

_____

_____

_____

## GUEST NAME

_____

## MESSAGE

_____

_____

_____

_____

## OUR BEST MEMORY

_____

_____

_____

_____

## GUEST NAME

_____

## MESSAGE

_____

_____

_____

_____

## OUR BEST MEMORY

_____

_____

_____

_____

# GUEST NAME

_____

# MESSAGE

_____

_____

_____

# OUR BEST MEMORY

_____

_____

_____

_____

# GUEST NAME

_____

## MESSAGE

_____

_____

_____

## OUR BEST MEMORY

_____

_____

_____

# GUEST NAME

_____

# MESSAGE

_____

_____

_____

_____

# OUR BEST MEMORY

_____

_____

_____

_____

## GUEST NAME

_____

## MESSAGE

_____

_____

_____

_____

## OUR BEST MEMORY

_____

_____

_____

_____

# GUEST NAME

_____

## MESSAGE

_____

_____

_____

_____

## OUR BEST MEMORY

_____

_____

_____

_____

## GUEST NAME

_____

## MESSAGE

_____

_____

_____

_____

## OUR BEST MEMORY

_____

_____

_____

_____

## GUEST NAME

_____

## MESSAGE

_____

_____

_____

_____

## OUR BEST MEMORY

_____

_____

_____

_____

## GUEST NAME

_____

## MESSAGE

_____

_____

_____

_____

## OUR BEST MEMORY

_____

_____

_____

_____

## GUEST NAME

_____

## MESSAGE

_____

_____

_____

_____

## OUR BEST MEMORY

_____

_____

_____

_____

# GUEST NAME

_____

## MESSAGE

_____

_____

_____

_____

## OUR BEST MEMORY

_____

_____

_____

_____

# GUEST NAME

_____

# MESSAGE

_____

_____

_____

_____

# OUR BEST MEMORY

_____

_____

_____

_____

## GUEST NAME

_____

## MESSAGE

_____

_____

_____

_____

## OUR BEST MEMORY

_____

_____

_____

_____

## GUEST NAME

_____

## MESSAGE

_____

_____

_____

_____

## OUR BEST MEMORY

_____

_____

_____

_____

# GUEST NAME

_____

## MESSAGE

_____

_____

_____

_____

## OUR BEST MEMORY

_____

_____

_____

_____

# GUEST NAME

_____

## MESSAGE

_____

_____

_____

_____

## OUR BEST MEMORY

_____

_____

_____

_____

## GUEST NAME

_____

## MESSAGE

_____

_____

_____

_____

## OUR BEST MEMORY

_____

_____

_____

_____

## GUEST NAME

_____

## MESSAGE

_____

_____

_____

_____

## OUR BEST MEMORY

_____

_____

_____

_____

# GUEST NAME

_____

# MESSAGE

_____

_____

_____

_____

# OUR BEST MEMORY

_____

_____

_____

_____

## GUEST NAME

_____

## MESSAGE

_____

_____

_____

_____

## OUR BEST MEMORY

_____

_____

_____

_____

## GUEST NAME

---

## MESSAGE

---

---

---

---

## OUR BEST MEMORY

---

---

---

---

# GUEST NAME

_____

## MESSAGE

_____

_____

_____

## OUR BEST MEMORY

_____

_____

_____

## GUEST NAME

_____

## MESSAGE

_____

_____

_____

_____

## OUR BEST MEMORY

_____

_____

_____

_____

## GUEST NAME

_____

## MESSAGE

_____

_____

_____

## OUR BEST MEMORY

_____

_____

_____

## GUEST NAME

_____

## MESSAGE

_____

_____

_____

## OUR BEST MEMORY

_____

_____

_____

## GUEST NAME

_____

## MESSAGE

_____

_____

_____

_____

## OUR BEST MEMORY

_____

_____

_____

_____

## GUEST NAME

_____

## MESSAGE

_____

_____

_____

## OUR BEST MEMORY

_____

_____

_____

_____

# GUEST NAME

_____

## MESSAGE

_____

_____

_____

_____

## OUR BEST MEMORY

_____

_____

_____

_____

# GUEST NAME

_____

# MESSAGE

_____

_____

_____

_____

# OUR BEST MEMORY

_____

_____

_____

_____

## GUEST NAME

_____

## MESSAGE

_____

_____

_____

_____

## OUR BEST MEMORY

_____

_____

_____

_____

## GUEST NAME

_____

## MESSAGE

_____

_____

_____

## OUR BEST MEMORY

_____

_____

_____

## GUEST NAME

_____

## MESSAGE

_____

_____

_____

## OUR BEST MEMORY

_____

_____

_____

## GUEST NAME

_____

## MESSAGE

_____

_____

_____

_____

## OUR BEST MEMORY

_____

_____

_____

_____

# GUEST NAME

---

# MESSAGE

---

---

---

---

# OUR BEST MEMORY

---

---

---

---

## GUEST NAME

_____

## MESSAGE

_____

_____

_____

_____

## OUR BEST MEMORY

_____

_____

_____

_____

# GUEST NAME

_____

## MESSAGE

_____

_____

_____

_____

## OUR BEST MEMORY

_____

_____

_____

_____

## GUEST NAME

_____

## MESSAGE

_____

_____

_____

_____

## OUR BEST MEMORY

_____

_____

_____

_____

## GUEST NAME

_____

## MESSAGE

_____

_____

_____

_____

## OUR BEST MEMORY

_____

_____

_____

_____

## GUEST NAME

_____

## MESSAGE

_____

_____

_____

_____

## OUR BEST MEMORY

_____

_____

_____

_____

## GUEST NAME

_____

## MESSAGE

_____

_____

_____

_____

## OUR BEST MEMORY

_____

_____

_____

_____

## GUEST NAME

_____

## MESSAGE

_____

_____

_____

_____

## OUR BEST MEMORY

_____

_____

_____

_____

# GUEST NAME

---

## MESSAGE

---

---

---

## OUR BEST MEMORY

---

---

---

## GUEST NAME

_____

## MESSAGE

_____

_____

_____

_____

## OUR BEST MEMORY

_____

_____

_____

_____

# GUEST NAME

_____

## MESSAGE

_____

_____

_____

_____

## OUR BEST MEMORY

_____

_____

_____

_____

# GUEST NAME

_____

## MESSAGE

_____

_____

_____

_____

## OUR BEST MEMORY

_____

_____

_____

_____

_____

# GUEST NAME

_____

# MESSAGE

_____

_____

_____

# OUR BEST MEMORY

_____

_____

_____

## GUEST NAME

_____

## MESSAGE

_____

_____

_____

_____

## OUR BEST MEMORY

_____

_____

_____

_____

# GUEST NAME

_____

## MESSAGE

_____

_____

_____

_____

## OUR BEST MEMORY

_____

_____

_____

_____

## GUEST NAME

_____

## MESSAGE

_____

_____

_____

_____

## OUR BEST MEMORY

_____

_____

_____

_____

Made in the USA
Monee, IL
23 April 2022

95240941R00072